Cyflwyniad

Ers i mi wylio'r ffilm *Jurassic Park* am y tro cyntaf pan oeddwn i'n ddeuddeg oed, mae deinosoriaid wedi fy rhyfeddu. Maen nhw'n greaduriaid anhygoel, yn tydyn? Mae'n anodd credu eu bod nhw wedi bod yma, yn cerdded ar yr un ddaear â ni.

Tybed sut brofiad fyddai byw yr un pryd â deinosoriaid? Sut brofiad fyddai cael deinosor yn rhedeg ar dy ôl di?! Neu beth am ddarganfod ffosil deinosor? Dyma rai o'r syniadau dwi'n chwarae gyda nhw yn y casgliad yma o gerddi.

Mae llond trol o greaduriaid eraill yn llechu yma hefyd gan gynnwys llew, malwoden, brawd bach ffyrnig, afanc anferth a rhywbeth o'r enw Tyranodiplostegatops-Gorichthioraptor!

Felly tro'r dudalen i gyfarfod y bwystfil cyntaf, os wyt ti'n ddigon dewr!

Cofion,

Casia Wiliam

Dere Gyda Fi

Dere, dere gyda fi.
Dere i weld beth sy'n llechu
o dan y pridd.
Dere, dere gyda fi.
Dere i weld beth sy'n cuddio,
pa drysorau sy'n aros i gael eu ffeindio.
Dere, dere i gloddio, i faeddu ein dwylo.
Dere i chwilio am yr olion sy'n swatio
dan haenau o dir ers cyn co'.
Dere, dere gyda fi.
Dere i ni graffu ar bob un cysgod,
dere i weld nad yw ddoe byth yn darfod.
Dere i deimlo'r siapiau a'r lluniau
o esgyrn a phlu creaduriaid a fu.
Dere, dere gyda fi i ffeindio ffosil!

Casia Wiliam

Mae rhywbeth MAWR yn dod

Stomp! Stomp! Wam! Bam!
Mae rhywbeth MAWR yn crwydro yn y coed.
Hop! Hop! Sgip! Naid!
Mae'n well i mi ddiflannu'n ysgafn droed.
Sblash! Sblash! Wwwsh! Swwwsh!
Mae rhywbeth MAWR yn corddi yn y llyn.
Hop! Plop! Wiiiish! Swiiiiish!
Mae'n well i mi wib-nofio o'r fan hyn.

Chww! Chww! Tsh! Tsha!
Mae rhywbeth MAWR yn saethu ar draws y nen.
Wiii! Wiii! Swwwm! Saaaam!
Mae'n well i mi roi cuddfan uwch fy mhen.

Grrr! Grrr! Raaar! Raaar!
Mae rhywbeth MAWR yn siŵr o fynd o'i le ...
Waa! Waa! Help! Help!
Mae deinosôr ar fin fy mwyta i de!

Casia Wiliam

Ni Yw'r Deinosoriaid

Ni yw'r creaduriaid gorau yn y tir,
ni â'n cyrn hir miniog, ni â'n gyddfau hir.

Mr Rex yw'r brenin, â'i safn llawn dannedd main
all gnoi eu ffordd trwy esgyrn cryf, does dim all
drechu rhain.

Maint bws yw'r **Spinosaurus**, neu bedwar eliffant!
Mae hwn yn gallu nofio a dal pysgod slic o'r nant.

A beth am **Diplodocus**? Ma'i wddf tal fel craen.
Gall gyrraedd dail ar frigau'r coed, yn uwch na neb o'r blaen.

Triceratops sy'n brysur yn brwydro trwy'r prynhawn –
â'i gyrn a'i drwyn cas pigog, gornesta yw ei ddawn.

Er mor fach a phluog yw'r **Velociraptor** chwim
peidiwch chi a'i fwytho wir, mi lyncith chi mewn dim!

Ni yw'r creaduriaid gorau yn y tir,
ni â'n cyrn hir miniog, ni â'n gyddfau hir.

Ni yw'r deinosoriaid, ymlusgiaid erchyll mawr!
Ni yw'r deinosoriaid, clywch ni'n rhuo nawr!

RRRRRRAAAAAAAAAAAAAAAAAAAAAAARRRRRR!

Casia Wiliam

Pan fydda i ryw ddydd yn hogan fawr

Pan fydda i ryw ddydd yn hogan fawr,
dwi ddim am fod yn fami nac yn wraig.
Pan fydda i ryw ddydd yn hogan fawr,
mi ydw i'n bwriadu bod yn ddraig!

Yn lle dwy fraich i olchi llestri saim
a dwylo bach i hwfro a gwneud te,
dwy adain ddu fawreddog fydd gen i
er mwyn cael hedfan fry o le i le.

Ac ar fy ngwddf ni welwch emwaith drud,
dim mwclis trwm na sgarff flodeuog, hir
ond pigau miniog aur fel cyllyll gwych
i ddychryn pawb o blantos bach y tir.

Ni fydda i'n rhoi run smic o finlliw pinc
na phowdr crand yn daclus ar fy moch,
ond agor wnaf fy ngweflau led y pen
a lliwio'r awyr ddu â fflamau coch.

Ac yn lle sgert neu ffrog sy'n fôr o ffrils,
bydd gen i gynffon wych sy'n goch fel gwaed
ac wrth i mi ei chwifio hi fel cledd,
y bechgyn fydd yn rhedeg nerth eu traed.

Pan fydda i ryw ddydd yn hogan fawr,
dwi ddim am fod yn fami nac yn wraig,
pan fydda i ryw ddydd yn hogan fawr,
mi ydw i, heb os, am fod yn ddraig!

Casia Wiliam

Bwystfil Barus

Mae fy mwystfil i'n bwyta:

Sglodion slic seimllyd,
hen sanau drewllyd,
siarcod a selsig
a chamel sychedig!

Moron a mapiau,
llond sach o bengliniau,
menig a moddion
a phlu mawr angylion!

Pasteiod, dau barot,
paent porffor a pheilot,
peiriant pysychlyd
a phlant bach busneslyd!

Casia Wiliam

NAIN A'R DEINOSORIAID

Nain, oedd y deinosoriaid o gwmpas pan
oeddech chi'n fach?
Oedd y **T-Rex** yn gwneud smonach o'r ardd,
yn bwyta'r coed a'r blodau hardd?
A beth am y tronsiau ar y lein ddillad,
fyddai o'n bwyta'r rhain bob tamad?
Ac wrth gerdded i'r ysgol, Nain –
oeddech chi'n gweld gyddfau main y
Diplodocus uwch y cloddiau?
Oedden nhw'n rhedeg ar ôl y trenau?
Yn chwarae'n wirion ar y cledrau?

A beth am ddiwrnod ar lan y môr?
A fyddai mil **Velociraptor**
yn dod fel côr i ddwyn eich hufen iâ? A'ch da-da?
Yn plymio o'r awyr a gwylltio'r pysgotwyr?
Yn cipio bwced a rhaw ac yn codi braw?
A phan oedd hi'n amser gwely, Nain –
oeddech chi'n crynu fel jeli bebi
ac yn methu'n lân a chysgu
wrth glywed y deinosoriaid yn rhuo ac udo?
Yn bygwth eich llowncio?
O Nain! Am sbort a sbri!
Tro nesa, dwi am fod yn fach yr un pryd â chi.

Casia Wiliam

BYWYD CI

(digwyddiad go iawn yn Puebla, Mecsico)

Plant ar y palmant,
yn cardota,
o'u blaenau bagiau llawn siopwyr
ond eu dwylo'n wag:
dim nwydd, na charedigrwydd.

Caffi awyr agored gerllaw,
gwylio'r plant own i,
eu gwylio heb gael fy ngweled.

A daeth gwraig i eistedd wrth fy mwrdd,
gofyn am goffi
i'r sawl oedd yno'n gweini;
tynnodd bŵdl o'i basged,
rhoi piner gwddf amdano
a'i fwydo â llwy arian,
cyn sychu ei wefus
yn ofalus.

Iddi hi, doedd e ddim yn gi –
roedd e'n blentyn bach;
ar y stryd roedd plantos bach
yn cael bywyd ci.

Rhai strae ar y stryd –
rhyfedd o fyd.

Menna Elfyn

Malwoden i mi

Pe bawn i'n anifail,
fe hoffwn fod yn falwoden.

Beth?
Ydych chi'n meddwl fod hynny'n od?

Wel, dwi'n meddwl ei fod yn syniad da.

Ydi, mae'r falwoden yn araf,
ond mae pawb yn gwybod hynny.

Does neb yn swnian ac yn gweiddi ...

"Tyrd yn dy flaen!"

"Does ganddo ni ddim trwy'r dydd!"

"Mae'r Nadolig ar ei ffordd!"

Pawb yn gadael i'r falwoden fach
ymlwybro'n araf,
llusgo'n llywaeth,
llithro,
yn llysnafedd i gyd.

Neb yn cega o hyd ac o hyd.

A pheth arall,
dwi wrth fy modd yn mynd i garafanio.

Peidiwch edrych arna i'n hurt!

Mae malwoden yn carafanio rownd y rîl,
taflu'r cartref bach ar ei chefn
ac i ffwrdd â hi,
gwyliau drwy'r amser.

Felly,
does gen i ddim ots
beth ddywedwch chi.
Rwyf wedi penderfynu,
malwoden i mi.

Anni Llŷn

SIWSI A'R WENYNEN

Mae heddiw'n ddiwrnod pwysig iawn
Ym myd y deinosoriaid,
Pawb 'di codi ers toriad gwawr
A'u boliau'n goliwobliaid!

Dyma ddechrau'r wythnos fawr
Ac mae hi'n un arbennig:
Eisteddfod Genedlaethol
Deinosôrs yr Oes Jwrasig.

Y gystadleuaeth fywaf un
Yw "Rhuo i Gyfeliant",
Mae'r cystdleuwyr yno i gyd
'Rôl misoedd o hyfforddiant.

Ond yn y gornel bellaf un
Mae Siw'r Tyranosaurus
Sydd wedi deffro bore 'ma
Â dolur gwddw seriws.

Mae'i llais yn grug, mae peswch gwan
Yn dianc o'i gwefusau,
Mae'r beirniad wedi cyrraedd
Ac mae'r rhuo wedi dechrau.

"Mae'n anobeithiol," meddai Siw
Drwy bigau'r dolur gwddw,
"Dwi ddim yn meddwl fydda i
Yn gallu rhuo heddiw."

Ac wrth i'r dagrau ddechrau dod
A Siw yn digalonni,
Fe ddaeth gwenynen fechan ddel
I eistedd ar ei thrwyn hi.

"Bzz bzz, shwmai! Ti angen help?
Wi newydd bod yn casglu
Y neithdar er mwyn gwneud y mêl
Sy'n siŵr o wella'th lais di!"

Fe dolltodd y wenynen fach
Y mêl i wddw Siwsi
A bob yn dipyn, goeliwch chi,
Diflannu wnaeth y crygni!

"Siw'r Tyrannosaurus,"
Meddai'r stiward yn swyddogol
A cherddodd Siw drwy'r dyrfa fawr
Yn araf a phwrpasol.

Arhosodd y wenynen fach
Ar dalcen Siw yn dawel,
Gan anfon afon fach o fêl
I'w gwddw yn ddiogel.

Agorodd Siw ei cheg yn fawr
Gan lenw'i hysgyfeintiau
A rhuodd gyda'i nerth i gyd
Gan siglo'r byd i'w seiliau.

Dechreuodd ddau ddaeargryn,
Tirlithirad a swnami,
Doedd neb 'di rhuo fel 'na 'rioed,
Ond fe aeth Siw amdani!

"O, diolch fy ngwenynen hoff!"
Dywedodd Siw drwy'i dagrau
Wrth iddi guro pawb yn rhacs
Â nerth ei dirgryniadau!

Roedd Siwsi a'r wenynen fach
Yn ffrindiau mawr byth wedyn,
Deinosôr mor fawr a chryf
A'i mêt bach du a melyn!

Caryl Parry Jones

Brawd Bach Ffyrnig

Deinosôr! Ai dyna sydd – yn drewi
    Fan draw yn y ffosydd?,
    Yn flin, yn brefu fel hydd?
    Yn fwy nag unrhyw fynydd?

Yn sathru, ac yn rhuo, – yn bwyta
    Pob bat, pêl a io-io?
    Yn boen ble bynnag y bo?
    Â'i lygaid ar fy Lego?

Beth sy'n ein dychryn bob dydd – a'i olwg
    Milain a dirybudd?
    Yn cnoi ein beiciau newydd?
    Deinosôr? Na, Deian sydd!

Mei Mac

Pe bawn i yn ddeinosôr

Pe bawn i yn ddeinosôr,
Pa un fuaswn i?
Ai **Trwdon** bach neu **Ichthiosôr**
Neu **Frachiosawrws** cry'?

Neu be am **Ddiplodocws**
A'i wddf fel llithren fawr?
Neu gynffon hir, hir fel **Titanosawrws**
Yn llusgo hyd y llawr?

Cawn res o ddannedd yn fy tshiops
Fel clamp o **Sbeinosôr**,
A chyrn fel rhai **Triceratops**
A thraed fel **Gorgosôr**.

Fe gawn i grib ysgrithrog
Fel **Stegosawrws** gwyrdd,
A thraed fel **Raptor** miniog
Yn llawn crafangau fyrdd.

Pa enw ga'i? Un mawr, di-stop
Yn llawn o stamp a stŵr ...
**Tyranodiplostegatops–
Gorichthioraptor**, siŵr!

Eurig Salisbury

BRENIN Y DEINOSORIAID

Byd jiwrasig yw ein cartre ni,
llawn planhigion rhyfedd a deinosoriaid di-ri.

Weithiau fe welwch y **Dadidactyl**
yn hedfan fry uwch ben pob bwystfil.

Dro arall bydd y **Mamalosawrws**
yn cuddio rhwng coed â wyneb seriws.

Y **Brawdosawrws** a glywir o bell
yn cwyno a chwyno nad oes yna fwyd gwell

ar gael i'w fwyta yn ein jwngwl jiwrasig,
ac wedi'r cwyno fe dawela'n siomedig.

Ond mae un deinosôr sy'n frenin ar ein byd
ac mae'n achosi braw ym mhobman o hyd:

mae ei ddannedd mor finiog
a'i lygaid mor gynddeiriog

a sŵn ei draed dan ei grafangau mawr
i'w clywed o bell yn ysgwyd y llawr.

A phan fydd yn cyrraedd, fe red pawb ar frys
rhag y brenin, sef fi, **Tyranosawrws-Rhys**!

Aneirin Karadog

ANGHENFIL

Mae'i sgrech fel seiren erchyll
a'i wên fel dyn o'i go,
a chwech o flew bach chwyslyd
yn tyfu o'i gorun o.

Mae afon o lysnafedd
yn llifo o'i ddwy ffroen
a phob math o fudreddi
yn glynu yn ei groen.

Bydd wastad ar ei gythlwng,
'sdim diwedd ar ei chwant,
ei weflau yn glafoerio
a min ar ei bedwar dant.

Mae'n cipio ei ysglyfaeth
a'i stwffio'n syth i'w geg
i'w gnoi o a'i arteithio
am oriau'n ara deg.

Os meiddiwch fynd rhy agos
cewch gripiad ar eich llaw,
neu'n waeth – cewch chwa o'i ddrewdod!
Mae'n gallach cadw draw.

Ond er nad dyma'r bwystfil
anwyla' fuo 'rioed,
fedra i ddim llai na charu
fy mrawd bach dwyflwydd oed.

Gwyneth Glyn

DEINOSÔR AR Y TRAMPOLÎN

Yng nghanol y nos,
a phawb yn eu gwlâu,
mae deinosor bach
yn denyg o'i ffau.

Ar flaenau ei draed
mae'n dod i tŷ ni,
i chwilio am hwyl,
a 'chydig o sbri.

Mae'n dringo bob nos
i ben y trampolîn,
i neidio'n osgeiddig
a glanio ar ei din.

Rwyf innau yn sbecian
ar y deino'n neidio.
Mae o wrth ei fodd
yn troelli a bownsio.

Rwy'n disgyn i gysgu
yn gwenu'n ddel,
wrth feddwl am y deino
yn sboncio am sbel.

Anni Llŷn

Asynosôr y Ffôr a'r Ffa

Mae'n amlwg i bawb 'mod i'n angel,
er nad oes yr un adain wen
yn tyfu'n urddasol o'm breichiau,
na choron o aur uwch fy mhen.

Ond mae gen i broblem ddiddorol
sy'n fy ngwneud i yn llai na da,
pan fyddaf i'n gweld amser cinio
o'm blaen i lond platiad o ffa.

Rwy'n dwlu ar fresych a moron,
rwy'n caru blas tato a phys,
ond O! wrth weld ffa gwyrdd mewn grefi,
rwy'n pwdu, cyn torri yn chwys.

Ac unwaith, a mi ar fy ngwyliau
ym myngalo Taid yn y Ffôr,
wrth iddo roi ffa yn y sosban,
troes innau yn Asynosôr!

Wn i ddim sut y digwyddodd,
roedd hi'n amser cael cinio dydd Sul,
pan syllodd Taid arna'i yn gegrwth,
a'm gweld, meddai fe 'n 'llyncu mul!'

Llyncu mul?! Mae'r hynny'n amhosib!
A oedd Taid wedi mynd o'i go?
Ond clywais i wedyn o'm stumog
lais styfnig yn gweiddi "I-O"!!

Mererid Hopwood

Tipyn o ddeinosôr

Er nad ydi o'n rhuo'n chwyrn,
nac yn bygwth neb â'i gyrn,
er nad oes ganddo ddannedd galôr,
serch hynny, mae'n dipyn o ddeinosôr!

Mae'n ddyn sy'n rhygnu 'mlaen a 'mlaen am
ragoriaethau'r oes o'r blaen:
"Pawb 'di gweld y tylwyth teg";
"Y we yn cau bob nos am ddeg,"
"a 'mond dwy fideo", meddai fo,
"i'w gweld ar Youtube" – un am lo,
a'r llall yn dangos bardd ar fryn –
(a'r ddwy wrth gwrs mewn du a gwyn).
"Cerdd dant oedd wastad yn rhif un";
"doedd neb yn siafio ar ddydd Llun";
"roedd babis yn gorfod cysgu mewn drôr" –
peth felly oedd bywyd i 'ddeinosôr'.

(Fe sonia rhai'n ddilornus braidd,
am "bethau oes yr arth a'r blaidd",
ond mae rheini mor gyfoes â Playstation 4,
i ddyn sy'n dipyn o ddeinosôr.)

Ond mae serch hynny, bob tro'n glên ...
Ryw ddiwrnod, pan fydda i yn hen,
mi froliaf innau'r oes o'r blaen,
"pan fflysiwyd toiled hefo tjaen",
"y cinio ysgol" a "'Steddfod yr Urdd";
"rhyw gân am beintio'r byd yn wyrdd",
a "hwyl cystadlu hefo'r côr"...

Bydda i 'di troi yn ddeinosôr!

Ifor ap Glyn

Siân

Oes modd caru cath
Yn gnawdol? Siân,
Cân dy grwth imi, neidia
Yn fy nghôl, tylina
Fi, llewyrch dy ewinedd
Sy'n fy ngwên. Mae'th sgwrs
Yn gloch sy'n hongian ar ruban
O gwmpas dy wddf. Fy llaw
O, fel mae'n donnau o drydan
Uwch dy got ffwr. Un pitw
Wyt, rwy'n dy fagu
Ar fy mraich, yn dy wisgo
Ar fy nwyfron. Clyw,
Dy byls yn cyd-guro â mi;
Rwy'n gwybod yn well
Na phipo trwy'r agennau
Sy'n dy lygaid; arwydd
Efallai y gelli ddod o hyd
I'r ffordd, trwy'r dudew,
Sy'n amlach na dim
Yn llwyddo i brynu fy nghalon

R.S Thomas
Cyf. i'r Gymraeg gan Menna Elfyn

Llew Glyndŵr

Does dim yn well gan lew
Na gorwedd yn yr haul mewn hedd,
Teulu a'i ffrindiau o'i gwmpas,
Ar ei weflau, blas y wledd.

Y dyddiau'n hirfelyn a thanbaid
A'r machlud yn goch dros ei wlad;
Pob bore, mae'n gwawrio'n addawol;
Pob pnawn yn gadarnhad.

Ar adegau fel hyn, ei hanes
Yw llwyddo – mae'r ha'n ddi-droi'n-ôl;
Pa bynnag faes yr aiff iddo
Mae bonllef, mae gwobr, mae gôl.

Ond pan ddaw 'na gastell o gwmwl,
Mae'n llew yn ei galon o hyd –
Bydd ar ei draed ôl ac yn codi
Ei bawen yn erbyn y byd.

Myrddin ap Dafydd

Ffrind Arbennig

Mae gen i ffrind arbennig,
a ffrind i neb ond fi,
does neb ond fi yn gallu'i weld
na'i glywed, wir i chi.

Mae ganddo wyth clust anferth
i glywed pawb o hyd,
ac ugain pâr o lygaid
i weld pob peth drwy'r byd.

Mae ugain coes o'tano
i redeg fel y gwynt,
a pho gyflymaf yr ewch chi,
mae hwn yn mynd yn gynt.

Mae pymtheg pâr o ddwylo
gan glapiwr gorau'r byd,
gall ddyrnu, chwifio, codi bawd
a hynny yr un pryd.

Mae ganddo saith ymennydd,
un i bob diwrnod llawn,
dau drwyn, sef un i'r bore
ac un arall i'r prynhawn.

Mae hwn yn dda ym mhopeth,
'dio byth yn gwneud yn wael,
ac er ei fod o'n ddiawl o hyll,
does dim cyfaill gwell i'w gael!

Tudur Dylan Jones

Bwystfil

Mae 'na fwystfil drwg a chyfrwys
Yn poeni'n teulu ni
Ac er nad oes neb wedi'i weld e,
Mae'n gwneud castie drwg di-ri.

Weithie, mae'n torri llestri
Pan fo neb yn y tŷ ond y fe,
Dro arall, mae'n siafio cynffon y gath
Tra bo Mam yn siopa'n y dre.

Pêl droed yn torri ffenestri
A bwyd yn diflannu'n y nos;
Dad yn mynd i ddatrys ei groesair –
Ond y bwystfil wedi gorffen y pos.

Mae'n troi y clocie mlaen a nôl
A chlepian pob drws yn y lle,
Cuddio sbectol Anti Gwenni gas
A rhoi halen yn ei the.

Fel 'rown i'n deud, mae'r bwystfil
Yn cuddio o gwmpas y tŷ
A dweud y gwir ma 'na ddau ohonynt
– Fy mrawd I Wil .... A FI !!!!!!

Dewi Pws Morris

Lleucu Llwyd y Gath

Mae Lleucu'n dda am gysgu,
mae'n cysgu ar y stôl,
mae'n cysgu yn ei basged,
a chysgu yn fy nghôl.

Mae'n cysgu ar sil ffenest,
mae'n cysgu ar y llawr,
mae'n cysgu ar y grisiau
mewn man rhwng lan a lawr.

Fe fu yn cysgu unwaith
mewn peiriant sychu clyd:
roedd drws y *tumble dryer*
ar agor ar y pryd.

A mewn â hi, mae'n debyg
(ni welodd neb mo hyn),
i swatio rhwng y crysau
a'r dillad gwely gwyn.

Ond Mam ddaeth heibio wedyn
a chau y drws yn dynn
cyn pwyso'r botwm pwysig
a sychai'r dillad gwyn,

heb wybod dim fod Lleucu
tu mewn yn gwbwl sownd,
yn crasu gyda'r crysau'n
mynd rownd a rownd a rownd.

Diolch byth, daeth Gruffudd heibio
â'i chweched synnwyr ef,
a'i hachub rhag ei chymryd
i'r fasged yn y nef.

I Lleucu Llwyd fach, druan,
ni ddaeth y byd i ben,
a chyda'i chot yn sychach
daeth mas yn Lleucu Wen!

Ceri Wyn Jones

Er bod bwystfilod yn fawr

Er bod bwystfilod yn fawr,
Yn ynfyd ac yn enfawr,

Yn hyll, hyll ac yn hollol
Anwaraidd, ffiaidd a ffôl ...

Maen nhw bob un mo'yn o-bach,
Mae'r Afanc, er mor afiach,

Weithiau eisiau'i anwesu,
Ac angen gwên ei fam-gu,

Bydd pob un Coblyn mo'yn cwtsh,
Tair o Wrachod mo'yn trichwtsh,

A'r Twrch Trwyth angen mwythau,
O bydd, ambell ddydd neu ddau.

Eurig Salisbury

Angel

Mae 'na angel nas gweli,
angel taer uwch fy nghwilt i

i'm gwarchod rhag cysgodion
y nos hir, cans clywais sôn

fod gwrachod yn y gwrychau,
a chwyn eu swyn yn nesáu

at fy stafell. Bod ellyll
sy'n hy' a'i fêts sy'n hyll

yn chwarae triciau bob tro,
a'u synau yn atseinio.

A glywi di'r bwci bo
sy'n hwtian ei sŵn eto?

A glywi di'r rhain yn dod
â'u harfau i'm cyfarfod?

A weli di'r bwystfil dwl
ar wib i gadw trwbwl?

Ond a wsti daw wastad
angel del wrth mam a dad?

Angel a'm diogela
â'i suo dewr, sws nos da.

Aneirin Karadog

Dwi'n Siarad Deinosoreg

Yn ysgol yr ymlusgiaid
mi ddysgais i ramadeg
a geirfa ieithoedd hyna'r wlad –
dwi'n siarad Deinosoreg!

Yn ysgol yr ymlusgiaid,
gwnes ffrindiau â'r disgyblion,
a chyda'r **Dracoraptor** hy'
dwi'n canu'r hen alawon.

A dacw'r **Diplodocws**,
mae'i lais e gyda'r uchaf,
ond twrw rhu y cawr **T-Recs**
a'r **Raptorecs** yw'r gwaethaf.

Pwdwr yw'r **Sauropoda**,
a phan ddaw'r wers llefaru,
mae'n driblo, bloeddio: "bla-di-bla",
ac yna ... mynd i gysgu!

Galimimws ddwedws, ddoeth
yw'r un dwi'n deall orau,
ac er nad yw hi'n dweud dim byd,
ry'n ni o hyd yn ffrindiau.

Yn ysgol yr ymlusgiaid,
'rôl 'studio'r gramadegau,
mi ddysgais felly, ambell waith,
fod iaith yn fwy na geiriau.

Mererid Hopwood

Bwystfil Nain

Yn y nos, yn stafell Nain,
mi welais fwystfil milain –
neu, o leiaf, ei glywed
yn y nos fel clec grenêd
neu sain dril tu fas i'n drws,
neu seiren brontosawrws.

Drwy'r wal roedd stŵr yr aliwn
yn gwneud i'r tŷ grynu'n grwn:
roedd ei sŵn fel gordd y sêr,
yn gas fel cawod geser,
fel rhuo crac dau dractor,
fel sgrech adar mwya'r môr.

A slawer dydd mi guddiwn
rhag yr ellyll erchyll hwn,
cyn dod i wybod nad oedd
gennym ffrwydradau gannoedd,
dractor na deinosoriaid
yn y tŷ, 'mond chwyrnu Taid!

Ceri Wyn Jones

Teulu Deina-sôr

Pam bod pawb yn meddwl,
A hynny ers cyn co'
Mai hogia oedd y deinosôrs ?
Roedd rhai yn "hi", nid "fo"!

Mae'r awrgrym yn yr enw
Ers dyddiau cynta'r byd,
Ie DEINA Sôr oedd Mami
Y deinasôrs i gyd!

Tanwen oedd ei merch hi,
Pigog, pig, llawn clecs
Yn rhuo ar bawb a phopeth
Un wyllt oedd T(anwen) Rex.

Un fwyn oedd chwaer fach Tanwen,
Sef Bronwen Wddw Hir,
Neu weithiau Bron Tosaurus
I'w ffrindiau drwy y tir.

Tri SERA tops oedd modryb:
VeLOISiraptor fach
A Dilys oedd eu c'neither,
Dil Ophesaurus iach.

Hwrê i deulu Deina!
Bravo i Dil a Bron,
I Sera, Lois a Tanwen,
I'r genod cryf a llon.

Y nhw na'th ddodwy'r wyau
Ac ynddyn nhw i gyd
Oedd y deinosoriaid cyntaf
Ddaeth i derynsau'n byd!

Caryl Parry Jones

Rhestr Siopa Bwystfil

Pe mentrwch ddarllen
rhestr siopa bwystfil
ar ei hyd.
Fe welwch chi restr
mwyaf dychrynllyd
y byd.

Chwys o gesail athro
Snot wedi ffrio
Bananas du drewllyd
Plant bach swnllyd
Pw-pŵ babŵn
Dannedd racŵn
Llygaid llysnafeddog
Bodiau traed blewog
Fflwff botwm bol
Malwoden anferthol
Llefrith wedi suro
Ffa pôb wedi llwydo
Ewinedd gwrach
Cath mewn sach
Poer poeth draig
Clustiau hen wraig

Rhestr go fer
yw'r rhestr hon
a dweud y gwir.
Efallai y gallwch chi
feddwl am fwy
a'i gwneud yn rhestr hir?

Anni Llŷn

Deinosôr a Dyn

Tyrannosaurus:
Taran yn ei danc;
Chwalwr nythod wrth chwilio am gig
A'i fetel yn swanc.

Triceratops:
Bwldosar yn ei waed;
Y ddaear yn crynu wrth ildio lle
I'r draffordd dan ei draed.

Brontosaurus:
Craen gwddw hir
Yn tynnu archfarchnad y brigau tal
Yn wastad â'r tir.

Pterodactyl:
Awyren y gwae;
Ehedwr isel dan radar y gwan
Cyn disgyn ar ei brae.

Ichthyosaurus:
Siarc y Fall;
Llong yn llyncu'r pysgod i'w rwyd
A'i newyn heb ball.

Deinosoriaid:
Cawraidd eu nerth, bob un;
Arglwyddi'r byd na ddôi i ben –
Fel finnau, medd Dyn.

Myrddin ap Dafydd

Ofn

Hyfryd yw stafell i fi fy hun,
mae'n lle sy'n llawn rhyfeddod,
mae'n stafell wely a stafell fyw ...
yn llanast o'r top i'r gwaelod.

Dwi'n gwybod yn fras lle mae pob peth,
o'r sanau i'r ddesg recordio,
ond weithiau mae pethau'n mynd ar goll
gan nad wyf yn ei chlirio.

Ond clywais sŵn am saith un hwyr
yn cychwyn i fyny'r grisiau,
sŵn traed yn curo ar y pren
ac anelu ataf finnau.

Fe grynai'r tŷ i gyd yn llwyr
a phethau'n dechrau disgyn,
ffenestri'n gwegian fesul gris
a minnau'n chwys diferyn.

Sŵn tuchan mawr, sŵn corddi gwaed,
sŵn tân yn dod o'r ffroenau,
y golau'n siglo nôl a 'mlaen,
a'r paent yn dod o'r waliau.

Yn nes, yn nes y daeth y sŵn,
yna â min fel bwyell
fe holltodd llais i mewn i 'nghlust,
"Mae'n amser clirio'r stafell!"

Tudur Dylan Jones

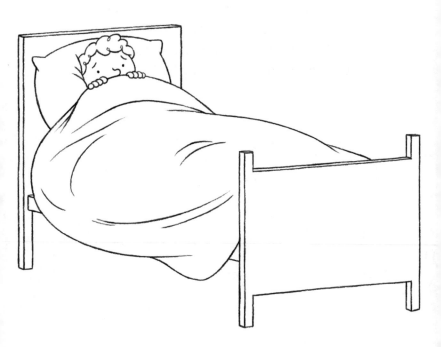

Llyn yr Afanc

(pwll tywyll yn afon Conwy)

Glaw a glaw, a'r lli yn goch
Yn y ceunant: rhuo croch
Ac wrth ruthro i lenwi'r llyn
Mae'n bwyta, bwyta'r glannau hyn.

Drannoeth y storm, mor wlyb yw llawr
Y bwthyn; y drws yn chwalfa fawr;
Dodrefn ar goll ... A lle mae'r crud?
A'r babi bach sy'n werth y byd?

Welwch chi'r swigod ar y dŵr?
Mae Afanc yn y llyn, dwi'n siŵr.
Y croen fel lledr, y llygad craff,
Crafanc all dorri trwch pob rhaff ...

Welwch chi'r brigau wedi'u hel?
Mi fydd ganddo wâl mewn sbel.
Welwch chi ôl ei draed fan hyn?
Dwi'n siŵr fod Afanc yn y llyn.

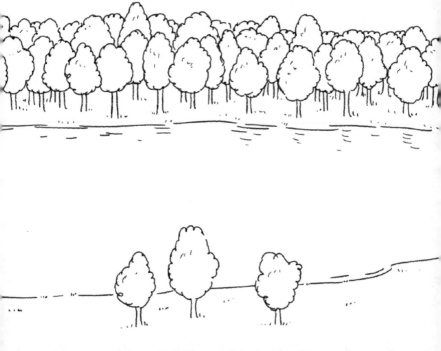

Dewch â merch all ganu cân
I'w hudo at lwyni'r gwybed mân;
Dewch â Huw, dau ychen cry',
I'w dynnu draw o'r dyfroedd du.

Cadwyni'n cleciau ar y lan;
Strancio; udo dros bob man;
Clec y gynffon – ond rhy hwyr
Mae'r Afanc wedi'i drechu'n llwyr.

Ni fu'r fath dynnu rioed o'r blaen,
Yr ych yn plygu dan y straen;
I fyny'r cwm ... dros grib y Foel ...
Llyn Llygad yr Ych, a'r hen, hen goel.

Ei ollwng wedyn, ben i lawr,
I'r Glaslyn dan yr Wyddfa fawr;
A dyna ni, does yn ein llyn
Ddim i boeni'r glannau hyn.

Ond pan fydd Conwy'n llawn o law
A'r afon wyllt yn codi braw
A swigod melyn ar y dŵr ...
Mae Afanc yn y llyn, dwi'n siŵr.

Ysgolion Eglwysbach, Bro Cynfal, Bro Gwydir a
Phenmachno a Myrddin ap Dafydd
Gweithdy Chwedlau Rheilffordd Dyffryn Conwy,
Haf 2017

DEINOSORMOD

Mae 'na rai sy'n trio honni
fod pob hogyn yn gwirioni
ar dri pheth, sef rhain: *Star Wars*,
a *Spider-Man* a deinosôrs.

Mae'r cynta'n wych. Mae'r ail yn grêt.
Ond am y trydydd, callia, mêt!
Os wyt ti'n hogyn, coelia fi
mi fyddan nhw'n dy ddilyn di
i bobman ei di fel rhyw bla;
ar bob crys-T pan ddaw yr ha',
ar dy frwsh dannedd, dy gas pensiliau,
ar fagiau parti ar bnawn Suliau ...

Mae hyd yn oed triceratops
ar y paced Coco Pops!
Tyranosawrws rex ei hun
ar hyd fy sanau'n eno'r dyn!

Dwi'n estyn tegan o gefn y drôr ...
Beth ydi o? Blincin deinosôr!
Mi es i ganu yn y côr ...
Enw'r darn? Y Deinosôr!

Dwi'n gwylio'r teledu am ryw awrws ...
Be wela i? Ffilm am stegasawrws!
Ac ydi, mae hi'n ddigon rhwydd
dyfalu be ga'i ar bob pen-blwydd.

Dwi ddim isio deinosôr
ar fy nhywel glan y môr!
Na'r un teradactyl blin
ar y trôns sydd am fy nhin!

Rhowch lun brechdan ar focs bwyd,
yn lle rhyw froncosawrws llwyd!
Rhowch imi lewod, rhowch imi lamas;
rhwbath ond deinosor ar fy mhajamas!

Ella, pan fydda i'n ddeuddeg oed
y daw'r hen fyd 'ma at ei goed;
Gobeithio wedyn y rhon' nhw'r gora'
i'r holl lol o ddeinosora.

Ond och a gwae pan ddaw y dydd
y do' i o'u crafangau'n rhydd,
a finna'n gorfod cychwyn pennod
newydd o drio licio ... genod!

Gwyneth Glyn

Deinosôr

Un bore yn ymyl Tudweiliog
Mi ddois i o hyd i ôl troed.
Roedd o'n debyg i ôl troed hen geiliog,
Ond yr hen geiliog mwya' erioed.

Dois o hyd i un arall, ac wedyn
Sefyll yn stond wnaeth y byd
Achos draw yng nghanol y rhedyn
Roedd perchennog y traed ar ei hyd.

Roedd yr horwth mawr gwyrdd yn ochneidio
Ac yn swalpio o gwmpas ar lawr,
A gwelais (sut gallwn i beidio?)
Beth oedd wedi baglu'r hen gawr.

'Wel, mae hi'n hyfryd gen i dy gyfarfod
Ond yn od,' meddwn i, 'yr un pryd,
A phethau fel ti wedi darfod
Yn llwyr ac ers talwm o'r byd!'

'Od?' meddai fyntau, yn guchiau i gyd,
'Wel, beth am hwn, neno'r dyn?
Croen banana deg llathen o hyd!
Sut ddaeth peth felly i Lŷn?'

Twm Morys

geiriau bach chwareus

cerddi am chwarae a chwaraeon

BARDD
PLANT
CYMRU

Anni Llŷn
a Beirdd Plant Cymru

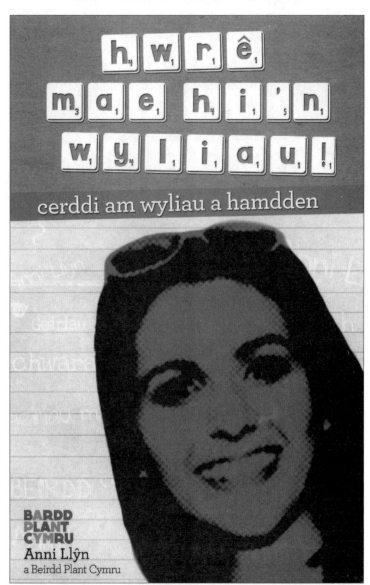

hwrê,
mae hi'n
wyliau!

cerddi am wyliau a hamdden

BARDD
PLANT
CYMRU
Anni Llŷn
a Beirdd Plant Cymru

Llyfrau Lliwgar yn llawn Cerddi

Argraffiad cyntaf: ⓗ Gwasg Carreg Gwalch 2017
ⓗ testun: y beirdd 2017
ⓗ darluniau: John Lund 2017

Rhif Llyfr Safonol Rhyngwladol:
978-1-84527-619-5

Cyhoeddwyd gyda chymorth Cyngor Llyfrau Cymru
a chydweithrediad Bardd Plant Cymru

Cynllun clawr: Eleri Owen
Llun clawr: Sioned Birchall
Lluniau i gyd: John Lund

Cyhoeddwyd gan Wasg Carreg Gwalch,
12 Iard yr Orsaf, Llanrwst, Dyffryn Conwy, Cymru LL26 0EH.
Ffôn: 01492 642031
e-bost: llyfrau@carreg-gwalch.com
lle ar y we: www.carreg-gwalch.com

Argraffwyd a chyhoeddwyd yng Nghymru